ESTAVA ESCRITO

Editora Appris Ltda.
1.ª Edição - Copyright© 2019 dos autores
Direitos de Edição Reservados à Editora Appris Ltda.

Nenhuma parte desta obra poderá ser utilizada indevidamente, sem estar de acordo com a Lei nº 9.610/98. Se incorreções forem encontradas, serão de exclusiva responsabilidade de seus organizadores. Foi realizado o Depósito Legal na Fundação Biblioteca Nacional, de acordo com as Leis nos 10.994, de 14/12/2004, e 12.192, de 14/01/2010.

Catalogação na Fonte
Elaborado por: Josefina A. S. Guedes
Bibliotecária CRB 9/870

V297e 2019	Vargas, Cristiane Estava escrito / Cristiane Vargas, Silvia Paulo. - 1. ed. – Curitiba: Appris, 2019. 51 p. ; 21 cm (Artêra) ISBN 978-85-473-3625-7 1. Ficção brasileira. I. Paulo, Sílvia. II. Título. III. Série. CDD – 869.3

Appris editora

Editora e Livraria Appris Ltda.
Av. Manoel Ribas, 2265 – Mercês
Curitiba/PR – CEP: 80810-002
Tel. (41) 3156 - 4731
www.editoraappris.com.br

Printed in Brazil
Impresso no Brasil

Cristiane Vargas (autora)
Silvia Paulo (coautora)

ESTAVA ESCRITO

FICHA TÉCNICA

EDITORIAL
Augusto V. de A. Coelho
Marli Caetano
Sara C. de Andrade Coelho

COMITÊ EDITORIAL
Andréa Barbosa Gouveia (UFPR)
Jacques de Lima Ferreira (UP)
Marilda Aparecida Behrens (PUCPR)
Ana El Achkar (UNIVERSO/RJ)
Conrado Moreira Mendes (PUC-MG)
Eliete Correia dos Santos (UEPB)
Fabiano Santos (UERJ/IESP)
Francinete Fernandes de Sousa (UEPB)
Francisco Carlos Duarte (PUCPR)
Francisco de Assis (Fiam-Faam, SP, Brasil)
Juliana Reichert Assunção Tonelli (UEL)
Maria Aparecida Barbosa (USP)
Maria Helena Zamora (PUC-Rio)
Maria Margarida de Andrade (Umack)
Roque Ismael da Costa Güllich (UFFS)
Toni Reis (UFPR)
Valdomiro de Oliveira (UFPR)
Valério Brusamolin (IFPR)

ASSESSORIA EDITORIAL
José Bernardo dos Santos Jr

REVISÃO
Andrea Bassoto Gatto

PRODUÇÃO EDITORIAL
Lucas Andrade

DIAGRAMAÇÃO
Giuliano Ferraz

CAPA
Fernando Nishijima

COMUNICAÇÃO
Carlos Eduardo Pereira
Débora Nazário
Karla Pipolo Olegário

LIVRARIAS E EVENTOS
Estevão Misael

GERÊNCIA DE FINANÇAS
Selma Maria Fernandes do Valle

Este livro foi idealizado, escrito e é dedicado à mulher que eu tanto amo e que me mostrou o verdadeiro caminho do amor, à minha moreninha, enfim, a você, minha Évelin.

AGRADECIMENTOS

Em primeiro lugar gostaria de agradecer a Deus, por todas as bênçãos que Ele proporciona à minha vida e por poder chegar aonde estou hoje: feliz e realizada.

À minha avó, Eolita Vargas, por ter harmonizado meu caráter, com todos seus ensinamentos, mostrando-me a cada dia o valor da humildade, da fé e da persistência, na busca de objetivos na e pela vida. Você partiu muito cedo, contudo seus conselhos e ensinamentos ainda ecoam em meus ouvidos como uma música leve e suave, planando em mim a paz e a serenidade. Ainda sinto a sua presença em todos os lugares em que ando. Com certeza você está comigo em todos os momentos, mesmo que em espírito. Você é uma lembrança boa que acalenta meu coração nos dias difíceis. Mesmo após sua partida, você se mantém viva em meu coração, em todo meu ser. Obrigada por tudo que você fez por mim!

À minha esposa e companheira de todas as horas, Évelin Francine de Souza, por ter me oferecido esse amor tão intenso, tão verdadeiro e tão completo, que faz cada dia da minha vida valer a pena.

À minha filha do coração, Érika, por me permitir te amar e poder sentir em meu coração esse amor tão lindo, de uma mãe para com uma filha. Você ocupa um lugar especial em minha vida. Te amarei e cuidarei de ti enquanto eu viver.

Aos meus pais, Zelita Vargas e João Reinert, por terem se dedicado toda a vida para me oferecer o melhor que podiam, não só a mim, mas às minhas três irmãs.

À todos os meus irmãos, por todas as lembranças boas e engraçadas da nossa infância e por terem vibrado junto a mim quando do conhecimento da edição e publicação desta obra.

Por fim – e que não podia faltar –, à minha amiga e coautora, Silvia Paulo, por toda a sua dedicação, apoio, tempo e incentivo. Se não fosse por você acreditar em mim e naquilo que escrevi, a edição e publicação desta obra e a realização deste sonho não seriam possíveis. Obrigada!

PREFÁCIO

Amados leitores,

[...] Quero declarar ao mundo este amor [...]
você é minha vontade
meu maior desejo
quero poder gritar
essa loucura saudável
que é estar em seus braços
perdida pelos teus beijos
sentindo-me louca de desejo [...]
você é minha inspiração
minha motivação [...].[1]

Uma das maiores intenções de quem escreve um livro/romance na nova realidade social é gerar em seus leitores o mesmo sentimento que o autor manifestou no momento da escrita. Isso se chama catarse. Assim, segundo Vygotsky (1999), um movimento de catarse são muitos sentimentos sentidos de forma gradual, que permitem não somente a descarga de tensões da pessoa, mas considera que, ao ocasionar uma descarga afetiva, transforma seus próprios sentimentos. Nessa perspectiva, a reação estética que acontece no ato da escrita de um romance, por exemplo, constitui-se em instrumento psicológico, passando a ser constitutiva da subjetividade do ser humano.

Cristine Vargas vai além de conseguir fazer com que as páginas do seu romance emitam essa onda de sentimentos provenientes da autora. Manifesta-se, ainda, o amor que não mais existe nas pessoas neste mundo – falo do amor incondicional, do amor pelo outro, seja esse *outro*, qualquer pessoa –, do amor que precisamos sentir pelos nossos semelhantes e que foi esquecido pelos avanços tecnológicos jogados em "nossas cabeças" diariamente.

---

[1] Disponível em: https://www.pensador.com/poema_inconfesso_desejo/

A sensibilidade da autora encontra-se em cada entrelinha, em cada vírgula, em cada novo começo de fala [...]. Ela se mistura ao texto e o texto a ela. Inspirada no amor da sua vida – *a moreninha*, como é tratada em todo o texto –, Cristiane delineia toda uma vida de amor, de trocas emocionais e também de obstáculos e conflitos. Ora, não podia ser diferente. Amorosa, sentimental e verdadeira, Cristiane Vargas se encontra além do seu tempo, preconizando um amor que tanto faz falta no mundo que nos circunda e por conseguir transpassar para as páginas do romance *Estava escrito*, palavras, frases e contextos escritos com o coração, vistos com a alma e espelhados pelo espírito de uma mulher sensível, que está crescendo em meio às palavras. Sim, ela escreve seu romance como se não fosse o primeiro. Viva, palmas, saudações [...] à minha amiga Cristiane. Ela merece todas as honras porque compreende como o mundo se apresenta e o vê de forma crítica e apaixonada, sem deixar de ser idealista e sonhadora.

Estava escrito é uma obra sobre um amor verdadeiro, com nuanças do mundo real, por isso a cada página você, leitor, encontrará uma surpresa, aprenderá sobre o amor e a vida, emocionar-se-á, transpirará.

Com uma linguagem clara, objetiva e acessível a todos, o livro conta uma história de vida, que a muitos pertence. Vejo que Cristiane Vargas escreve esse romance com a grandiosidade de seu coração, com frases simples, mas de compreensão pura, porque é assim que as palavras afloram do seu interior.

Eu poderia ficar aqui [...] enchendo páginas e páginas elogiando a escritora debalde, mas prefiro sair de fininho, sem pedir licença, só para deixar o leitor passar para a página seguinte e se deliciar com a maravilhosa história que paira à sua frente!

Silvia Paulo
Docente no Instituto Federal Catarinense de Rio do Sul-SC
Escritora e poetisa catarinense
Membro da ALB-SC Seccional Ibirama

Referências

ANDRADE, D. C. **Inconfesso desejo.** Disponível em: www.pensador. com>poema_amor. Acesso em: 12 out. 2018.

VIGOTSKI, L. S. **Psicologia da arte.** São Paulo: Martins Fontes, 1999.

PALAVRAS DA AUTORA PRINCIPAL
(APRESENTAÇÃO)

Meu nome é Cristiane Vargas. Consegui enxergar *a minha linha de vida* como muitos nunca conseguirão enxergar. E isso não aconteceu porque sou *melhor que ninguém*, mas porque acreditei e encontrei o meu tão esperado amor.

Sim!!! Apaixonei-me e foi arrebatador, indescritível. A mulher que conheci mudou minha vida para sempre porque me fascinou desde o primeiro instante em que pus os olhos nela. E tudo começou assim...

Um dia uma cigana leu a minha mão [...] falou-me do destino do meu coração; que ele daria muitas voltas, porém, encontrá-la-ia, *a minha moreninha*. Confesso que no momento eu duvidei, pois me lembrei das tantas vezes em que acreditara, sem dar certo. Mas não era para acontecer daquele jeito, naquele momento, com aquelas pessoas, eu só ainda não entendia (*parafraseando* a canção intitulada "Cigana", de Hugo Pena e Gabriel, considerada por nós como a música da nossa história de amor). Uma cigana, uma visão do futuro, uma pessoa de cabelos longos e escuros, muito próxima, porém de outra cidade [...]. Seria possível? Poderia, enfim, ser a minha oportunidade de ela ser, finalmente, minha, acalmando meu coração, que há tanto tempo eu esperava? Ela me entregando seu amor [...] este há tanto tempo sonhado?

É... A vida é um pequeno texto... Ou seria um longo texto? Na verdade, nós somos os autores. Apenas precisamos saber escrever a nossa história, seja nas páginas de um livro, seja em um diário ou até mesmo em nossos corações.

Por isso, nas páginas que se seguem, eu falo desse amor da maneira como o sinto, um amor que ferve em mim, que não diminui com o tempo e que traz tanto equilíbrio e felicidade ao meu coração.

Cristiane Vargas

COMO TUDO COMEÇOU...

Mais um dia amanheceu. Já conseguia ouvir o canto dos pássaros lá fora me acordando antes mesmo que meu celular despertasse. Meu corpo cansado virava de um lado para o outro e eu pensava: só mais um pouquinho [...], mas meu cérebro, como sempre, queria ter razão e começava a me lembrar de toda minha rotina diária, que me obrigava a levantar. Do meu quarto sentia o cheiro delicioso do único vício da minha vida – café –, que minha mãe já havia deixado pronto na cozinha. Tomei café às pressas, despedindo-me da minha mãe, saindo a passos largos, quase correndo, para não perder o ônibus e chegar atrasada [...] Já dentro do ônibus eu via, como sempre, quase todas as pessoas com aquela animação de segunda-feira, já contando os dias para chegar a sexta logo, inclusive eu.

Tudo começou em 2006, quando eu trabalhava em uma fábrica de caixas acústicas e alto-falantes. Era minha primeira experiência de emprego, no qual eu passaria quatro anos da minha vida. Ia ao trabalho e voltava para casa todos os dias, sem nada de novo acontecer. Jamais esperava conhecer alguém especial naquele lugar, mas sempre ouvi falar que o amor acontece quando nós menos esperamos [...], que não adianta procurarmos por ele, porque é ele quem vem ao nosso encontro. Mesmo tendo aprendido isso, sem perceber e em todo lugar que eu ia, sempre estava à procura de um grande amor.

Eu insistia em pensar que seria feliz, apenas de uma maneira e somente com uma pessoa. Pois é, eu pensava assim [...]. No entanto, em certo dia, quando eu não conseguia pensar em mais nada de bom para o futuro, nem esperava mais nada do amor, ela apareceu [...]. Vi na minha frente tudo com que um dia eu sonhara [...]. Sonhava em ser feliz ao lado de alguém que também me amasse e me valorizasse, sonhava em entregar meu amor para alguém que também se entregasse completamente para mim; não queria e não aceitava amor pela metade. Queria um amor intenso, verdadeiro, eterno... de tirar o fôlego. O mesmo amor que eu oferecia era o que esperava receber de volta. Será que esse dia finalmente havia chegado? Eu desejava profundamente que sim [...].

Claro que naquela época fiquei sem entender nada e até duvidei de tudo que se delineava à minha frente. Aquelas palavras, aquelas sugestões, aquela vida. Seria realmente a minha? As palavras daquela cigana permitiam que minha mente permanecesse inquieta o tempo todo, o dia todo. Não podia crer em tudo que ainda estava por vir. Até mesmo a noite demorava a passar. Minha mente não desligava, permanecia inquieta o tempo todo. Depois de um tempo entendi o porquê de tudo aquilo. Sou uma pessoa que acredita que cada ser tem uma *linha traçada na vida* desde que nasce.

Cada um de nós é passageiro nessa viagem que tem dia, hora e data marcada para começar e para terminar. E o único que sabe a data da partida é que Aquele que nos trouxe para este mundo: Deus. Se tão somente as pessoas soubessem como a vida passa rápido[...] Ontem éramos crianças, brincando na rua, soltando pipas; hoje somos adultos, com nossos filhos crescendo tão rápido que queríamos ter o poder de parar o tempo, mas não temos [...]. E não temos a oportunidade de voltar e viver o que estamos deixando de viver hoje, nem ir à busca do que deixamos para trás hoje. O momento seguinte é incerto, o dia de amanhã talvez meus olhos não vejam, por isso sempre procuro viver intensamente o hoje, fazendo valer cada momento, buscando o que quero hoje, sonhando hoje, arriscando hoje, amando hoje.

Mas me faltava o amor. Um amor que me completasse, que tirasse meu ar, tirasse o meu chão, que me fizesse flutuar. Ah, o amor [...]. Sempre acreditei no amor e na força dele. Acreditava e esperava ansiosamente alguém que trouxesse para minha vida tudo que meu coração buscava, sem ao menos imaginar que esse dia chegaria. Tudo que eu sonhava encontrar em alguém estava muito próximo, o tempo todo. Eu só não conseguia enxergar [...].

Eu a vi pela primeira vez na fábrica em que eu trabalhava. Trabalhávamos no mesmo setor. Ela era linda demais, encantadora, majestosa, alegre. Quando passou por mim pela primeira vez, tudo ao meu redor simplesmente sumiu. Eu só enxergava a ela e ao seu sorriso lindo, conversando com suas amigas. Somente com um olhar seu eu me apaixonei. Ela sempre tão linda, de cabelo solto, longo, sempre tão cheiroso [...]; eu só queria poder sentir seu cheiro o dia todo. Quando ela olhava em minha direção, meu coração parecia dançar dentro do peito. Eu já a amava em segredo. Esse amor foi sendo alimentado diariamente, quando eu a via chegar para trabalhar na fábrica todos os dias. Como eu poderia esquecê-la se para mim ela não andava por lá, ela desfilava? Se era tão somente eu me levantar da minha cadeira e vê-la do outro lado? Não conseguia me libertar de toda aquela sedução que ela fazia sem se dar conta. E aos finais de semana eu, sentia sua falta. Era simplesmente impossível esquecê-la. Eu me lembrava dela o tempo todo e só com ela eu queria estar. Sua presença me fazia tão bem e ela ainda nem sabia disso. Deveria eu me declarar???

Tentei continuar levando a vida, mantendo esse amor em segredo. Depois de algum tempo, [...] tentando ainda me conformar [...], chegou a mim uma notícia que acabou com o restinho de esperança que eu ainda havia guardado: *ela estava grávida*. Esse enunciado significou o fim do que ainda nem havia se iniciado entre nós, que só em mim já existia. Eu sentia que não seria do dia para noite que eu esqueceria aquele tão belo amor, no entanto, após a notícia, eu tive que começar a fazer isso, aceitar e esquecer. Ao mesmo tempo em que a barriga dela crescia, minha sofreguidão aumentava a passos largos. Eu mais parecia uma réplica da pessoa que era.

A gestação terminou e ela parecia cada vez mais feliz, tanto com o bebê quanto com seu casamento. Quanto a mim, quando ela entrou de licença maternidade, tentei conhecer outras pessoas, tentando esquecê-la, pois a presença dela me impedia de fazê-lo. Não porque ela fizesse ou dissesse alguma coisa sobre o assunto, mas porque eu sentia a situação dessa forma. Mesmo eu sabendo que ela nunca seria minha, vê-la todos os dias me fazia querê-la ainda mais. Sim, depois daquela gestação tudo mudou. Tive que me conformar. Pronto! Deixei-a viver sua vida e eu fui viver a minha.

Voltei a sair mais [...] Frequentava muitas festas e conhecia pessoas novas. Enquanto isso, a vida dela parecia estar indo muito bem. Já parecia estar me conformando com toda a situação. A licença terminara e agora ela era mãe. Na fábrica, no nosso setor, mordiam-se de vontade de vê-la de volta; achavam que testemunhariam uma mulher acima do peso por conta da gestação. Mas ao adentrar na fábrica, aquela mulher que ficara alguns meses longe de todos, estava ainda mais linda e magra. Quando a vi, senti um nó na garganta e uma tristeza profunda, em imaginar tudo que sonhava ao lado dela, mas que ficara apenas em meus sonhos, guardado em meu coração. Infelizmente, ela já era o sonho de outra pessoa. De um jeito ou de outro, não podia mais me interessar, pois ela era uma mulher casada e, ainda por cima, agora, mãe. Tentando continuar com minha vida, eu estava em outro compromisso. Embora sentisse que isso era o mais correto a realizar, o namoro durou apenas três meses. Eu não conseguia esquecê-la, mas havia me conformado em deixá-la seguir sua vida. Isso me condoía cada vez mais. Sofria em segredo por um amor que teria que ficar guardado. Então preferi ficar um tempo sozinha para ver se organizava meus pensamentos e em definitivo, minha vida.

Passaram-se seis meses e, então, comecei a perceber que a *moreninha*, como eu gostava de chamá-la em secreto, começara a perder aquele lindo brilho que havia em seu olhar. Quando se referia à vida de casada, o entusiasmo desaparecera. Parecia estar infeliz. Dentro de mim se passava que, certamente, a chave da felicidade da *moreninha* não estava comigo. Eu teimava em pensar assim e precisava continuar nesses pensamentos, pois pouco tempo antes eu fizera de tudo para esquecê-la e agora lá estava eu, envolvendo-me novamente. Era impossível ficar longe, não pensar, não querer, não sentir nada [...], mas tinha decidido fazer isso, por mim e por ela. Era o melhor a se fazer.

Em meio a esse vendaval de pretensões e anseios, comecei outro namoro, que durou sete meses. Como pensei na época, sete meses perdidos, porque nada de muito especial havia sentido. Durante o tempo em que eu me relacionava com essa pessoa, *a moreninha*, que me fez suspirar por tanto tempo, mudou-se de setor e veio trabalhar ao meu lado. Com isso, os efeitos de muitos ciúmes se transformaram em brigas constantes no relacionamento que já ia de mal a pior. Eu não conseguia esconder da minha namorada o quanto *a moreninha* mexia comigo o tempo todo. Eu chegava a mudar de jeito, de semblante, sei lá [...] era impossível não demonstrar o amor reprimido em mim há tanto tempo.

Dessa forma, convivendo mais perto dela todos os dias no trabalho, passei a conhecer um pouco mais sobre a sua vida depois do nascimento da filha. Conversávamos em meio ao trabalho sempre que possível. E foi em uma dessas conversas que soube o quanto o casamento dela não ia nada bem. Passei a entender o motivo de, vez ou outra, ela chorar durante o trabalho. Nós duas estávamos em relacionamentos infelizes e entendemos que não seríamos felizes com aquelas pessoas e naqueles lugares. Claro, cada uma pensava em sua vida, sem falar sobre isso para a outra.

Vivemos assim. Estávamos sempre com pressa, indo ou vindo de algum lugar, sempre buscando alcançar algo. Os dias passam, o tempo passa e quando paramos realmente para nos dar conta, sentimos falta de algo: alguém que aceite viver e dividir toda essa correria, que é vida com um amor verdadeiro ao nosso lado, dando-nos a impressão de parar o tempo em alguns dias ou simplesmente fazê-lo passar mais devagar em outros. Alguém que segure nossa mão e nos diga: "Vamos, eu irei com você. Eu estou aqui, vai ficar tudo bem". Alguém que mesmo sem dizer uma palavra, com apenas um abraço, acalme nosso coração e devolva a paz ao nosso dia. Alguém que aceite enfrentar a vida ao nosso lado e que não desista no primeiro obstáculo que surgir. Alguém que nos olhe com o mesmo brilho no olhar do primeiro encontro mesmo depois de anos de relacionamento [...]. Ah... Esse alguém [...] Como eu esperava! E sentia, dessa vez, que ela também esperava, por algum motivo que eu desconhecia.

Poderia ser mais um dia como todos os outros dias de trabalho, enfadonho, pesado, chato, que eu não aguentava mais, mas não foi. Em meio a tanto trabalho e numa conversa, veio *a surpresa*: escutei o que eu queria ter escutado anos antes, e que chegou a mim por meio de outra colega de trabalho. *A moreninha* dos meus sonhos, meu amor há tanto tempo reprimido, que nunca havia se relacionado antes com uma mulher, havia dito o seguinte: "Se fosse para ela ficar com outra mulher nesta vida, ela escolheria a mim". Imaginem a minha felicidade diante de tamanha revelação! Eu, que a amava em segredo há tanto tempo! Foi muito para mim [...] Nossa, nós duas juntas?! [...] Eu podia, enfim, acreditar nessa possibilidade? Senti algo inexplicável, queria gritar de felicidade, sair correndo ao encontro dela e lhe dizer tudo que estava guardado em meu peito. Como eu queria...

****

Após esses comentários comecei a pensar em tudo o que *eu poderia viver nas mãos daquela mulher tão fascinante, que me fascinou desde o início.* Provocou-me com sua beleza sem par, desfilando pela fábrica feito uma deusa. Quando ainda hoje olho para trás, percebo como fui forte [...] Forte porque eu ficava louca somente com o cheiro dela. Imagina se eu pudesse senti-la em meus braços, quanto amor eu demonstraria. Para mim ela era uma mulher maravilhosa, encantadora. Desbravar o corpo dela seria uma honra.

Gosto de me lembrar dos melhores momentos que sentimos e passamos desde o início da nossa história. Uma das lembranças é do dia em que *moreninha* tentou me beijar no banheiro da fábrica. Na rapidez da decisão do melhor a se fazer, pois estávamos em nosso trabalho, eu virei o rosto rapidamente. Difícil foi "virar o rosto" para o beijo daquela mulher magnífica, beijo que eu queria ter experimentado e não pude naquele momento. Tocá-la era tudo que eu sempre quisera desde o momento em que a vira pela primeira vez, mas aquele não era o momento certo e nem o lugar. Tudo ainda estava por vir.

Depois de certo tempo comecei a perceber a *moreninha* "mais na dela". Parecia-me triste, introspectiva, e quase nem falava mais comigo. Houve certos momentos em que até a vi chorar, mas não imaginava que fosse por minha causa. Para minha alegria, um dia paramos para conversar sobre nós. Claro que eu nem imaginava o que ela iria falar, contudo ela disse: "Eu cansei de fazer de tudo para você me notar, notar que te quero". E a *moreninha* continuou falando: "Agora vai ser assim: quando você quiser ficar comigo, você virá e me falará". Acordei ouvindo isso [...].

Ouvir isso me fez parar e refletir o que eu realmente esperava da pessoa que estava ao meu lado. Será que aquela pessoa que estava vivendo naquele momento comigo merecia todo meu amor, minha fidelidade, minha dedicação, como eu dispendia a ela? Será que aquela pessoa fazia o mesmo por mim? O relacionamento não ia bem há um bom tempo. Aquela pessoa, de uma hora para outra, parecia-me estranha, tinha atitudes estranhas. Não demorou um mês para que eu conhecesse verdadeiramente a pessoa que estava ao meu lado. Eu estava sendo enganada. É o sentimento mais desprezível que uma pessoa pode sentir nesta vida. Nunca mais quero sentir a dor que senti naquele instante. Foram sete meses da minha vida, sete meses em que me dediquei sem receber nada de bom em troca. Fui iludida. Percebi que aquela pessoa nunca havia me merecido. Em poucas horas, o que eu sentia de bom se transformou em decepção. Sempre que isso acontece, nos perguntamos: por que, se me doei tanto? O que fiz de errado? Por que comigo? Mas não encontramos a resposta. Resultado: terminei o namoro e segui minha vida. Antes só do que mal acompanhada.

No mesmo dia em que terminei o namoro, lembrei-me de uma frase que a *moreninha* havia me dito havia um tempo: "Nada é para sempre!". Essa frase ficou martelando na minha cabeça a noite toda. O que será que realmente ela queria dizer? Se fosse ao lado dela, eu ia querer que fosse para sempre, eterno [...]. Adormeci pensando nisso, pensando e ensaiando em minha mente tudo que eu diria a ela, assim que a encontrasse, pois como ela mesma havia dito, "não correria mais atrás de mim. Se eu quisesse, agora eu teria que fazê-lo". E não quis perder mais tempo. Corri para falar com a *moreninha,* mesmo estando sujeita a ouvir um "não". Agora eu estava sozinha e podia dar um passo adiante. Eu queria tentar.

O PRIMEIRO ENCONTRO

Era segunda-feira. Eu dormira muito mal porque passara a noite pensando nela, mas precisava me levantar para ir ao trabalho. Nem consegui tomar café direito de tanta ansiedade. Eu nem parecia eu. Só pensava em chegar logo à fábrica e ver a reação dela quando soubesse que eu terminara o namoro. Eu estava sozinha e agora nós podíamos tentar. Eu pensava muito nisso. Logo fiquei sabendo que a *moreninha* já portava a notícia, passada por uma vizinha minha, que também trabalhava na fábrica.

Quando fecho os olhos ainda consigo ver o sorriso no rosto da minha *moreninha*. Quando me dei conta da sua felicidade, meu corpo todo gelou num instante, senti aquele frio na barriga que sentimos quando estamos apaixonados. Eu sentia algo incontrolável. Não conseguia mais esperar. Eu não via a hora de poder tocar seu corpo, sentir o toque da sua boca, passar a mão em seus cabelos e poder sentir, finalmente, o cheiro maravilhoso deles, de bem perto. Meu coração parecia que ia explodir e no momento certo enviei a ela um bilhete, que dizia: *"Espero que entenda porque não fiquei com você antes, mas agora que não tenho mais compromisso com ninguém e soube que você também está separada, será que ainda tenho uma chance? Pensei muito em você esta noite e gostaria de tentar".* Escrito isso, pedi a uma colega em comum que entregasse o bilhete a *ela* e fiquei em uma ansiedade mórbida até eu receber a resposta.

Não tardou muito, a resposta veio. No bilhete que ela escrevera dizia: *"Claro que tem. Vamos nos dar essa chance. Eu também quero muito ficar contigo e quanto antes melhor".* Eu respondi: *"Quero muito ficar contigo e faz tempo. É só falar a hora, o lugar e quando, que eu estarei lá te esperando".* Enviar esses bilhetes era tão incrivelmente excitante que fazíamos sem ao menos nos importarmos com a tecnologia existente. Isso não importava naquele instante. E escrevendo tal resposta, eu já estava demonstrando para ela o quanto eu estava entregue e que eu não havia esquecido o que ela havia me dito um tempo antes.

Depois de mais alguns minutos, a *moreninha* me respondeu assim: *"Quero tanto que tem que ser logo. Pode ser amanhã, no banheiro do centro comercial ou em sua casa, se puder"*. A cada novo bilhete meu coração parecia que pulava dentro do peito. A felicidade transbordava pelos olhos e a cada olhar nosso, ela percebia. A minha resposta a esse bilhete foi: *"Pode ser amanhã, no centro comercial, às 7h. Temo não superar suas expectativas, mas se superar, mais tarde marcamos lá em casa"*. Para finalizar e deixar tudo certo para o encontro, ela ainda me enviou mais um bilhete: *"Eu também quero muito e quanto antes melhor. Não consigo mais esperar. Posso, se quiser, no centro comercial, lá no banheiro, umas 7h e 5 minutos, mas se quiser em sua casa, umas 6h e 20 minutos. Pode ser?"*. Quanto mais escrevíamos uma a outra, mais ansiosa e feliz eu ficava. Eu sentia meu peito explodir de alegria e podia ver que ela estava sentindo o mesmo.

Depois disso meu dia parecia estar com um clarão diferente. Tudo para mim ficou mais colorido, mais fácil, mais alegre. Sim, eu me sentia leve. Leve como uma pluma a plainar em um céu azul em dia de inverno. Fiquei cantarolando horas e horas para que o outro dia chegasse mais rápido. Fazia tempo que não me sentia tão feliz assim. Quando voltei para casa comecei a me preocupar com que vestir. O que será que agradaria à *minha moreninha?* Em minha cabeça eu já pensava nela como minha amada. Não queria desapontá-la em nada, queria acertar em tudo. Pensava em agradá-la desde o início. E se fosse a primeira e última vez, então que fosse inesquecível, pois eu não sabia o que me esperava e nem o que esperar.

Passei horas na frente do guarda-roupa, tentando escolher algo. Feito isso, deixei a roupa escolhida perto da minha cama e fui tentar dormir. Tentar, porque a ansiedade era tanta que não dormi quase nada. Ainda estava escuro e eu já estava em pé, aprontando-me, perfumando-me. Olhei-me no espelho e disse a mim mesma: "Enfim, chegou o dia pelo qual tanto esperei, o dia com o qual tantos anos antes eu sonhei. É a minha chance". Eu ia ficar frente a frente com a morena dos meus sonhos. Não conseguia imaginar o momento seguinte. Tudo aquilo ainda parecia surreal. Queria me beliscar para acreditar no que estava prestes a acontecer. E depois queria olhar dentro dos olhos dela e deixá-la sentir por eles tudo o que eu estava sentindo [...].

Cheguei ao local combinado às 6h e 50 minutos da manhã de um dia que, para mim, era mais que lindo, era perfeito. Até se chovesse eu acharia o melhor dia de todos e o mais belo. Sentei-me em um dos bancos para esperá-la, contudo eu me contorcia tanto de nervosismo que acabei me levantando e andando para lá e para cá, contando os minutos. Eu ficava ensaiando o que falar a ela. Fazia um discurso em minha cabeça que sabia que iria sumir quando estivesse finalmente frente a frente com ela. O frio na barriga só aumentava, o coração batia tão descompassado que achei que ia perdê-lo ali, e os minutos... esses pareciam durar horas, dias. Não suportava mais a espera, queria tê-la em meus braços, deixando que ela percebesse todo o amor que por tanto tempo eu havia guardado.

O PRIMEIRO BEIJO

Era terça-feira e amanhecera um dia muito bonito. Dia 23 de março de 2010. O céu estava todo pintado de azul e as nuvens brancas, para mim, pareciam bolas de algodão [...]. Quem já amou sabe o que é isso. O amor faz com que consigamos ver tudo mais bonito, tudo perfeito. Poderia estar bem diferente, como todos os outros dias que passavam sem nada de novo acontecer, mas eu não via assim por estar tão feliz e tão ansiosa ao mesmo tempo.

E eu não conseguia mais controlar a minha vontade de tê-la em meus braços. Havia esperado tantos anos [...], e aqueles minutos finais estavam sendo torturantes para mim. Mais alguns minutos se passaram e quando eu olhei para cima, lá vinha ela. Tão linda, tão perfeita, e no rosto um sorriso mais que perfeito. Quando ela passou por mim senti seu cheiro. Seu perfume tinha um cheiro inesquecível, essência de maracujá. Perfume que por vezes ainda compramos, só para relembrar o primeiro dia mais feliz de nossas vidas, dias felizes que continuam até hoje. Do seu cabelo ainda úmido do banho exalava um cheiro maravilhoso, doce, que me fazia querer tocá-lo e, juntamente com ele, todo seu corpo. Meu coração batia ainda mais forte. Achei que ele ia saltar pela boca. Enfim, meu coração ficou descompensado de verdade!

Eu não achei que ficaria tão nervosa, pois eu já a conhecia há quatro anos, mas parecia que eu a via pela primeira vez, tão deslumbrante e, naquele momento, minha. Sim, sentia-a minha, de uma forma forte, pura, verdadeira. Esperei ela entrar no banheiro do centro comercial e logo após fui atrás. Ela escolheu o último banheiro de todos naquele espaço.

O ambiente ao nosso redor era o que menos importava. Diante de todas as circunstâncias que se apresentavam à nossa frente e até pelo preconceito que os homossexuais sofrem, decidimos por aquele lugar.

Adentrando ao banheiro, meu pensamento inaudível ia recitando uma espécie de mantra: "Senhor, eu agradeço por tudo que está acontecendo e por ela, finalmente, estar aqui comigo". Mesmo de longe, sem ao menos ainda termos nos tocado, eu me sentia muito bem com tudo que estava por vir.

Começamos a conversar. Perguntei algumas coisas a ela. Enquanto ela ia me respondendo, parecia que uma câmera lenta estava ligada em meus olhos, minha fixação em sua boca era imperiosa. Em um ímpeto, abracei-a tão rapidamente e com força, que mais parecíamos viajantes saudosas que há muito tempo não se viam. Senti seu cheiro bom bem de pertinho, seu perfume muito bom. Meu corpo estremeceu e achei que cairia ali, na sua frente, mas tentei me recompor e ficar calma.

De súbito, o cheiro dela grudou em mim. Ah! Aquele cheiro! Sinto-o até hoje como uma fonte de felicidade constante e duradoura. Passei a mão no cabelo dela bem devagar, para poder sentir cada centímetro, e dele insurgiu um cheiro tão sublime que me lembro até hoje e vou sentir para sempre. Olhando bem de perto dentro dos olhos dela pela primeira vez, eu encontrei um olhar triste e percebi uma carência muito grande. Naquele instante senti uma enorme vontade de tirá-la daquela tristeza e fazê-la se sentir feliz.

Passei a mão pelo rosto dela de uma maneira muito carinhosa, como há muito tempo já desejava ter feito. Fui dando beijinhos no rosto dela, vários, até chegar a sua boca. Nossas bocas pareciam ser feitas uma para outra, um encaixe perfeito, e ao se tocarem pareciam que há muito tempo esperavam por aquele momento. Tudo ao nosso redor parou. Não ouvíamos mais ninguém, não pensávamos em mais nada. Eu simplesmente queria parar o tempo naquele momento presente. Foi delicioso e, para sempre, inesquecível. Entreguei-me tão enternecidamente àquele momento que a abracei de uma maneira como se nunca mais fosse soltá-la. Senti-la juntinho ao meu corpo era maravilhoso, mágico, perfeito [...]. Foi delicioso, magnífico, fantástico. Foi um momento muito esperado, por isso único e inesquecível.

Foram apenas vinte minutos, porém o suficiente para tirar meu fôlego e querer mais. Conversamos mais um pouco, nosso tempo estava terminando. Tínhamos que ir ao trabalho ou pelo menos tentar trabalhar, porque depois daqueles minutos, que me pareceram horas, nossas vidas não seriam mais as mesmas. E nós nem queríamos que fosse. Longe dela sentia-me a quilômetros de distância, como se estivesse em outro plano, outro planeta, ou seja, dentro de um paralelo profuso da Terra. Depois que toquei a boca daquela mulher, não conseguia pensar em mais nada. Minha cabeça pareceu parar naquele instante e querer ficar assim para sempre. Por onde ela passava meus olhos a seguiam sem parar, eu nem conseguia mais disfarçar.

No mesmo dia em que "ficamos" pela primeira vez, trocamos alguns bilhetes e já marcamos o próximo encontro, e foi logo no dia seguinte, pois não conseguíamos esperar para nos tocarmos e nos beijarmos. A cada novo bilhete, a felicidade transbordava em meus olhos. Não conseguia controlar o sorriso, o meu coração batia acelerado, querendo tanto quanto ela a sua presença a todo instante. Não podia ser diferente, não podia mais esperar, tinha que ser no outro dia. O encontro foi mais que arrebatador de novo e a cada dia parecia melhor. Espera! Parecia não, era cada vez melhor.

Em meio a todo esse encanto entre nós, nossas vidas continuavam sua rotina normal quando não estávamos juntas. Ela separada, morando novamente com sua mãe. Eu também havia me separado e precisava de alguém que compartilhasse o aluguel comigo, senão também voltaria a morar com minha mãe. Conheci algumas "gurias" interessadas e precisava escolher uma delas para dar a resposta.

A semana estava se iniciando e era decisiva para mim. Eu precisava escolher entre duas moças, ligar e dar a resposta a elas, porém mal sabia eu a proposta que teria/ouviria até o final de semana. Como eu já dividia todos os meus problemas com *a moreninha* e ela já estava por dentro da situação, eu quis saber a opinião dela sobre quem eu deveria chamar para morar comigo.

Foi quando aconteceu bem mais do que eu poderia imaginar: ela me pediu para morar comigo. *A moreninha* me contou que também precisava arrumar um lugar para morar com sua filha. Eu estava por dentro da situação dela e confesso que também já havia pensado nessa solução para nós duas. Seria bom tê-la sempre comigo, em todos os momentos, cuidar dela e de sua filha, compartilhar tudo com ela e começar uma nova história juntas. Ao mesmo tempo em que eu pensava assim, não pedia nada a ela porque ela podia me achar precipitada.

****

Os dias foram passando e eu não conseguia mais tirá-la da cabeça. *A moreninha* havia me fisgado de vez. Chegou o final de semana e não pudemos nos ver. Nunca um fim de semana demorou tanto para terminar. Eu não via a hora que a segunda-feira chegasse para vê-la novamente, para pode ficar perto dela.

Amanheceu! Era segunda. Fazia tempo que eu não ia trabalhar com tanta disposição. O motivo? Era óbvio. Saber que eu poderia senti-la novamente. Não pensei que pudesse sentir tantas saudades de uma pessoa, tendo me envolvido com *a moreninha* há tão pouco tempo. Apeguei-me rápido. *Ficamos* a semana toda. Não sei se ela sentia a mesma coisa, mas eu não me arriscava a perguntar. Tinha receio de que toda aquela magia que eu estava vivendo sumisse de repente, como um sonho.

Seria mais um dia normal se não fosse o que eu ouvi dela: "Pensei muito em você e não estou mais suportando ficar longe de você". Dentro de mim uma *explosão de fogos* surgiu. Tinha vontade de gritar, de pegá-la no colo para que ela sentisse o quanto eu estava feliz. Naquele dia, naquele momento, eu senti que queria ela mais que do tudo e que faria o impossível para tê-la sempre ao meu lado.

A PRIMEIRA VISITA

Era um dia chuvoso e eu fiquei "presa" em casa, sem nada para fazer. Estava começando um leve tédio quando o celular tocou. Mal pude acreditar que era *a moreninha* me ligando, falando comigo. A tarde caía e a noite já chegando, e eu não achei que mais nada aconteceria naquele dia, que ele terminaria normalmente, como todos os outros dias, porém eu estava enganada. Ouvi lentamente ela dizer que precisava me ver, que estava sentindo muitas saudades. Íamos nos encontrar pela primeira vez na minha casa. Isso era sinal de que íamos poder conversar sem pressa e sem medo de que alguém nos ouvisse, visse ou qualquer coisa parecida. A felicidade era tanta que a *moreninha* deve tê-la sentido pelo tom da minha voz. Então ela marcou o local e horário e eu fui buscá-la, muito eufórica e ansiosa.

Eram dezessete horas e eu chegara ao local marcado, perto de um supermercado, na Rua Quinze de novembro. Eu mal podia esperar [...]. Percebia-me novamente vulnerável, esperando meu grande amor, com o coração a saltitar, a mil, prestes a saltar pela boca. Na hora marcada fui ao encontro dela. Quando passei com minha moto por cima do elevado e a vi tentando ligar para mim, gelei [...] Como eu não podia mais fazer o retorno, estacionei a moto e fui encontrá-la a pé. Quando eu pude cheguei bem pertinho dela, meu coração batia muito forte e eu suava frio de tão nervosa. Com todo esse sentimento dentro de mim, eu só podia estar apaixonada por aquela mulher, para ela conseguir fazer eu me sentir tão diferente, tão pulsada quando a via, beijava-a, sentia-a por perto.

Cumprimentamo-nos com beijo no rosto por estarmos em público e a levei para minha casa. A chuva até cessou e tudo ao meu redor, com sua presença, melhorou. Chegando ao meu apartamento, ela me deu um beijo e um abraço muito delicioso. Depois nos sentamos para conversar e *a moreninha* me contou como estava sendo morar novamente com a mãe após ter sido casada e não me pareceu muito feliz. Conversarmos por um bom tempo, falamos sobre muitos assuntos, desabafamos algumas de nossas angústias. Na verdade, nosso assunto parecia nunca ter fim. Podíamos conversar sobre tudo por horas. Após conversas e desabafos, resolvemos matar o que estava nos matando... A saudade que estávamos sentindo uma da outra.

Nossa! A presença dela me fazia tão bem! Sentia-me completa, protegida, feliz, como se nada mais precisasse existir. Estava tudo ali, com ela, não faltava mais nada. *Ela e eu.* Ela estava ali, entregue, só para mim. Estava na minha frente tudo que eu sempre quis e procurei encontrar em alguém. Após o encontro doce e delicado de nossos corpos que ardiam de desejo, houve um momento curto de silêncio. Apenas nossos olhos mostravam o que estávamos sentindo e, então, entregamo-nos completamente uma a outra. Deslizar a mão em seu corpo, sentir o toque quente de seus lábios era um desejo há muito tempo reprimido, porém guardado em meu peito com muito carinho. Eu ia e voltava das nuvens a cada toque seu em meu corpo. Uma sensação tão boa que nem parecia estar realmente acontecendo [...] Parecia um sonho muito bom, do qual eu não queria acordar nunca mais.

Como foi bom ficar aquelas horas junto a ela, mas como tudo que é bom dura pouco, chegou o momento em que ela precisou voltar para casa. Até chegar à casa da mãe dela precisamos inventar uma *desculpa* para contar. A chuva voltou a cair com força e a minha vontade é que ela ficasse ali comigo, do jeitinho em que estávamos, e que eu pudesse dormir bem agarradinha a ela, escutando o barulhinho da chuva, sentindo seu cheiro, em meio a muitas trocas de carícias e carinho. Tem coisa melhor a se fazer quando estamos amando? Eu penso que não.

No caminho da casa dela fui percebendo a distância que *a moreninha* caminhara para me ver. Pude ver que era muito longe. Percebendo o sacrifício que ela fizera para me encontrar, senti que um sentimento forte estava se iniciando no coração dela também, como já existia no meu coração, pois do contrário ela não haveria caminhado tão longe, ainda mais com o clima chuvoso que fazia naquele dia.

Chegando à casa de sua mãe tivemos que convencê-la do motivo de ela ter demorado tanto e estar chegando naquele horário, ou seja, tarde. A mãe dela já dormia. Cumprimentei-a e comecei a contar para ela o que eu e *a minha moreninha* havíamos combinado. Contei que havíamos ido, eu, ela e mais algumas pessoas, a uma pizzaria, e eu só não a havia levado antes porque chovia muito e eu estava de moto. Até hoje penso se ela acreditou em tudo aquilo que contamos. Fui um pouco até o quarto da *moreninha*, mas logo saí e me despedi de sua mãe. Ao sair do quarto, ela me mostrou sua filha, que dormia no sofá da sala. Quase não acreditei que aquela menina já tão grandinha ali deitada era um bebezinho tão pouco tempo antes. E eu a havia visto crescer, pouco a pouco, mês a mês, enquanto a barriga da minha *moreninha* crescia. Ela era uma grávida que ficava mais linda a cada dia, a cada mês. Eu até cheguei a participar do chá de bebê da *moreninha*.

Prometi a mim mesma não me envolver tanto e tão rapidamente. Repetia isso a mim como um mantra, mas foi impossível não ficar totalmente envolvida pela *moreninha*. *A minha moreninha*. Eu não conseguia ficar mais nem um dia longe dela. Precisava vê-la todos os dias e sempre ter a certeza de que ela estava bem. Eu já me preocupava muito com ela e com sua filha, e com muito amor. Sei que ela também fazia planos pensando em nós, assim como eu, mas não me contava o que estava pensando para não parecer precipitada [...]. Os dias simplesmente não tinham mais sentido se eu não a visse. Ela precisava estar sempre por perto, caso contrário, os dias já não tinham mais cor nem vida. Eu só queria estar com ela e queria que ela também quisesse estar comigo. Ela fazia tanta falta depois que nos encontrávamos e ela ia embora, que me apegava às lembranças deixadas por ela em meu apartamento. Fios de cabelo longo em minha cama; seu cheiro delicioso em minhas roupas, usadas por ela; o cheiro delicioso do seu perfume em meu travesseiro [...]. Quanta saudade, quanta vontade de tê-la sempre por perto. Não suportava mais a separação entre nós.

NOITE INESQUECÍVEL

Mais uma semana se passou novamente [...]. Agora, as semanas pareciam voar, coexistir comigo. Comecei a sentir que as coisas entre nós estavam ficando sérias. Eu me sentia tão feliz e apaixonada, que tudo que vinha dela eu queria mais e mais. Eu pensava o tempo todo nela. Queria só ela. Queria ficar perto dela o tempo todo. Ela era tudo de bom, tudo que sempre sonhara encontrar em alguém. Ela fazia-me sentir bem, fazer planos, imaginar um futuro para nós.

A sexta-feira chegou e eu pensava: "Não quero ficar sozinha". E não fiquei. Como eu morava sozinha, meus pais iam me visitar todo final de semana. Então, como havia sido combinado, recebi-os primeiro. A *moreninha* apareceu em minha casa também. Como era uma Sexta-Feira Santa, ela falou à mãe dela que ia participar da caminhada da fé, que era hábito na nossa região. Para minha sorte, a tal caminhada foi para minha casa! Quando *minha moreninha* ligou avisando que viria à minha casa, meus pais ainda não haviam chegado. Foi eu desligar o celular, meus pais chegaram. Quando *a moreninha* chegou ela ficou sem graça, por que eu não havia dito a ela que teria visita e que seriam meus pais.

Para quebrar o gelo, apresentei-a aos meus pais, conversamos um pouco, tomamos um café e logo os meus pais foram embora. Nesse momento eu não precisei mais esconder a alegria que estava sentindo em saber que ela ficaria a noite toda comigo. Disse à *minha moreninha* que precisava tomar um banho, então, para minha surpresa, ela pediu-me para ir junto. Maneei a cabeça em um sim desenfreado, que eu há muito tempo queria ter dito.

Como foi bom sentir o corpo dela pela primeira vez, tão quente, tão macio, tão cheiroso. Debaixo daquele chuveiro eu perdi a noção de tudo, quando senti o corpo dela tão próximo ao meu. Eu podia finalmente tocá-la. Ela estava toda ali, toda, só para mim. Acabamos o banho e fomos para o quarto. Na hora lembrei-me de uma música que *a moreninha* havia me falado, um tempo atrás, que deveria ser ótima para ser ouvida enquanto se fazia amor. E não pensei duas vezes, coloquei a música para tornar aquele momento ainda mais maravilhoso, inesquecível e especial do que já iria ser. Já na cama, começamos a nos beijar e a nos tocar com muito desejo [...], o silêncio gritava entre nós. Tínhamos a sensação que estávamos nas nuvens, subimos bem alto e ficamos bem leves com o encontro perfeito de nossos corpos. Tudo foi tão esperado, tão perfeito. Realmente, uma noite inesquecível.

Depois de termos tocado o corpo uma da outra tive a certeza de nunca ser sentido nada igual antes. Senti que não conseguiria mais ir ao trabalho e não a ver lá porque não conseguiria mais esconder o que estava sentindo por ela. Estava loucamente apaixonada. Perdidamente entregue aos seus encantos. Diante do que eu sentia, não conseguia pensar em outra coisa que não fosse pedi-la em namoro. Mas ao mesmo tempo em que eu ficava imaginando isso, ficava pensando no que ela queria e pensava: "Será que ainda era muito cedo para começar um namoro? Será que nós nos conhecíamos o suficiente para dar esse passo? Será que daria certo? Será que era mesmo esse tipo de vida que ela queria? Será que ela estava disposta a enfrentar toda a sua família pela decisão de ficar realmente comigo?". Essas são perguntas que todos se fazem quando estão se sentindo apaixonados, contudo não têm certeza de nada. Sentem receio de serem rejeitados pelo outro. Feridas deixadas por quem não sabe amar. Ou sermos rejeitados pela família, que não entende nossa decisão em sermos o que somos e não o que eles queriam que fôssemos.

Ao mesmo tempo em que eu pensava em pedir *a moreninha* em namoro, eu estava procurando alguém para dividir o aluguel e as despesas comigo havia um bom tempo. Até conheci muitas pessoas interessantes, mas nenhuma que eu conseguisse ficar à vontade e confiar. Não foi nada fácil. Elas vinham, uma a uma, olhavam, interessavam-se. Nós conversávamos, até planos conseguíamos fazer no momento da conversa. Logo, quando chegavam o momento de eu aceitar ou não a pessoa para ir morar comigo, eu ficava "com um pé atrás". Eu já havia comentado com *a minha moreninha* que se não dessem certo tais entrevistas, eu teria que me mudar para uma pensão ou um quarto.

Certo dia, acordei disposta a me arriscar mais. Precisava dar novos rumos e ares à minha vida. Não conseguia mais continuar vivendo e sonhando com o que apenas poderia ser. Fortaleci-me, sentindo no meu coração que minha vida somente mudaria se eu me arriscasse. Então foi o que fiz.

Eu e *a moreninha* já ficávamos todos os dias antes do trabalho e quase em todos os finais de semana. Eu não aguentava mais ficar longe dela. Assim, mesmo muito nervosa e com receio de receber um não, em um final de semana, quando ela foi à minha casa, venci meu medo e a pedi em namoro. Eu estava tão nervosa que nem me lembro da resposta que ela me deu, mas pela expressão e pelo sorriso que se abriu em seu rosto, eu já sabia. Mesmo que eu quisesse nunca conseguiria descrever em palavras a felicidade que senti naquele momento. Tudo o que eu conseguia pensar era que eu faria de tudo para que "aquela mulher" ficasse para sempre ao meu lado e que me esforçaria ao máximo, para não dar motivos que a fizessem querer um dia ir embora.

Consigo relembrar cada detalhe do dia em que *a moreninha* foi morar comigo. Era uma felicidade sem par, por isso a relembrança sempre. Era noite, fazia um ar fresco, quase frio. Ela chegou à minha casa, que então seria nossa, e em um instante arrumou todas as suas roupas no lugar do guarda-roupa que havia separado. Fiquei abismada com a organização e o capricho dela.

Enquanto *a minha moreninha* foi até em casa buscar o restante das suas coisas, eu me apressei em arrumar um lugar para acomodar tais coisas, para ficar mais fácil. A felicidade e a empolgação eram tantas que nós duas nem nos sentíamos cansadas. Nós apenas queríamos aproveitar aquele momento, minuto a minuto [...]. Todos os pensamentos me levavam a um único lugar – a mulher que estava à minha frente era aquela pela qual eu esperara até então. Outra coisa que não saía da minha cabeça era como seria a nossa rotina, pois nela apareceriam nossos defeitos e nós teríamos que saber lidar com isso. Assim é todo relacionamento entre as pessoas, tanto amoroso quanto amigável. Eu precisaria aprender a lidar com os defeitos dela e ela com os meus, e me esforçar em valorizar as qualidades que ela apresentava, e eram muitas.

Os dias foram passando e a cada dia nós fomos aprendendo a conviver uma com a outra. Nós trabalhávamos juntas, voltávamos juntas do trabalho, tomávamos café juntas, enfim, tudo que fazíamos era juntas e, mesmo assim, as 24 horas do dia não pareciam ser suficientes. Eu precisava estar junto a ela todo o momento. Se eu pensasse que ela poderia ir embora, entrava em pânico. Já pensou ela ir e me deixar apenas com nossas lembranças? Aquelas que eram somente boas, sempre boas [...]. Eu me entreguei totalmente, joguei-me de cabeça nessa nova vida, nesse relacionamento, que me fazia tão bem, tão feliz. Se por ordens do destino *a minha moreninha* fosse embora, iria com a certeza de ter sido muito amada, porque tentava demonstrar isso a ela de todas as maneiras que estavam ao meu alcance.

Foi assim que a minha vida começou de novo. Renasceu, floresceu, abriu-se como um enorme girassol. Conseguia ver muita felicidade no rosto dela, pois ela também queria recomeçar e ser feliz comigo.

NOVOS RUMOS

Depois de ter me dedicado quase quatro anos e meio à fábrica de caixas acústicas e alto-falantes, decidi realizar um acordo com eles e sair. Queria alçar voo em novos espaços que me fizessem mais feliz no trabalho. Eu não via a hora de o acordo sair. Queria que fosse logo, pois tinha outros planos naquele momento da minha vida. Tive que esperar mais quatro meses para poder sair [...].

A felicidade ardia em mim pelo rumo em que a minha vida estava tomando, porém, por outro lado, a tristeza teimava em me assolar pela passagem de cada dia, cada hora trabalhando em um lugar em que nada mais aprendia, pois tudo era a mesma coisa todos os dias. Ao mesmo tempo em que eu estava muito feliz em sair, estava triste por saber que a *minha moreninha* ficaria lá [...]. Portanto não demorou muito para ela também sentir que o lugar dela não era naquele espaço e se organizou para logo sair. Eu já estava um mês em casa quando *a moreninha* ganhou o acordo na fábrica também.

Nossa! Lembro-me como se fosse hoje tudo que vivemos naqueles meses [...]. Foram cinco meses de puro amor, de muito desejo, de um enorme companheirismo. Parecia pura magia. A alegria era constante. O amor alucinante. A união gratificante. Fazíamos tudo juntas. Isso só fez o nosso amor crescer ainda mais e ficar ainda mais forte. Eu já não tinha mais dúvidas de que o nosso relacionamento daria certo. Já estava dando certo. Cada vez que o dia amanhecia eu olhava para *minha moreninha* e sentia em meu coração a certeza de que ela era a mulher que eu tanto aguardara [...].

Infelizmente, os nossos dias de descanso estavam terminando, pois precisávamos decidir como e onde viveríamos juntas. Quando a conheci eu morava em um apartamento, mas precisávamos nos mudar por causa de sua filha. O apartamento era muito pequeno e havia muitas escadas. Precisávamos pensar na menina, na nossa menina. Outro ponto que nos fez chegar à decisão da mudança era que depois da separação *da moreninha*, ela precisava de espaço para suas coisas, alguns móveis que ela queria trazer e o meu apartamento já era todo mobiliado. Por mais que eu gostasse de morar lá, não houve jeito, tivemos que nos mudar para iniciar uma vida nova em outro lugar.

Assim, os meses seguintes não foram nada fáceis porque além de estarmos procurando por uma casa, estávamos procurando por empregos para nós duas. Procuramos por um tempo bem longo, mas encontramos a casa que nos acomodaria para podermos viver o nosso amor e criarmos a nossa pequena Érika. E com a mudança para um lugar maior, consequentemente precisamos comprar alguns móveis. Quanto ao trabalho, depois de duas tentativas frustradas em dois lugares diferentes, tentamos juntas numa fábrica de peças de moto, à qual uma tia *da moreninha* já havia nos dito para irmos havia um tempo. Ela já havia nos falado diversas vezes, mas nós ainda não tínhamos ido, mas alguma coisa me dizia que deveríamos tentar naquele lugar aquele dia.

No dia em que fomos fazer a ficha de contratação encontramos uma colega nossa, que trabalhara na fábrica de caixas acústicas e alto-falantes conosco. Foi ela mesma quem nos entrevistou. Durante a entrevista, aproveitei para pedir uma oportunidade para nós duas e, se possível, no mesmo horário, pois precisávamos muito estar empregadas. Como a moça já nos conhecia, saímos de lá com a promessa de que ela faria de tudo para nos ajudar.

No dia seguinte, a moça nos ligou pedindo para que levássemos os documentos necessários para o imediato contrato de nós duas. Assim, depois de quase cinco anos nos vendo todos os dias, sabíamos que não seria fácil trabalharmos em setores diferentes, mesmo sendo na mesma empresa. Precisaríamos nos adaptar, mas precisávamos trabalhar para viver, lutar para caminharmos juntas, como era a nossa mais fervorosa vontade desde o início.

UMA NOVA VIDA

—

Nossa vida nunca foi fácil desde o momento em que nos conhecemos e pensamos em ficar juntas. Pagamos aluguel desde quando nos conhecemos, nunca tivemos herança de família de nenhum dos dois lados ou alguém a quem pudéssemos recorrer em situações difíceis. Por isso, sempre tivemos que trabalhar muito, apoiarmo-nos muito e juntas, com muita garra, ir à busca de nossos sonhos e objetivos.

Deus sempre esteve à nossa frente, instruindo-nos e nos induzindo na melhor direção. Graças a Ele nunca nos faltou nada. A cada porta que se fechava à nossa frente, outra Ele abria. Novamente, como em outras vezes, não foi nada fácil encontrarmos uma casa para alugar. Minha sogra conversou com o dono da casa onde ela morava, pois anteriormente ele havia comentado que construiria mais algumas casas para locação e isso já podia ter ocorrido. Ainda havia dois meses de contrato da casa em que morávamos, mas depois disso teríamos de sair logo. O tempo passava e a ansiedade nos corroía, mas a vontade de ficarmos juntas para sempre e fazermos de tudo para sermos felizes era sempre mais forte.

Resultado: o senhor, dono da casa onde minha sogra morava, não tinha nenhuma casa para alugar ainda, mas pensava em construir. Mesmo sabendo que ele podia se recusar a construir uma casa em dois meses, fui conversar com ele, com toda a esperança que o meu coração podia suportar. Cheguei até ele, expliquei a nossa difícil situação, sobre o contrato e o tempo que tínhamos para sair da casa. Ele não prometeu muita coisa, mas disse que tentaria construir pelo menos uma parte da casa para que pudéssemos entrar nela. Mais tarde ele iria, aos poucos, terminando o restante.

Cada vez que nós chegávamos à nossa futura casa uma parte a mais tinha sido construída. Sentíamos uma sensação muito boa em saber que nós seríamos as primeiras moradoras daquela casa; era como se ela fosse nossa casa [...]. Seria a primeira casa nova de nossas vidas... Mais uma vez a felicidade tomava conta de nós. "A tempestade dava lugar a novos raios de sol, às coisas muito boas que estavam por vir e isso enchia nossos corações de esperança, de paz, de felicidade [...]".

Um pouco mais de um mês já havia se passado e a impressão que tínhamos era de que não ia dar tempo para construir nem uma parte da casa como tínhamos acordado. Mesmo assim, eu não deixava o desespero me tomar, porque acreditava que à frente da construção daquela casa existia um Deus muito poderoso, tomando a frente de tudo, e Ele tornaria realidade o que parecia ser impossível. Foi tudo muito corrido e muito rápido, mas como combinado, a parte da casa que precisávamos para morar estava pronta. O alívio em nossos rostos era visível. Nosso bondoso Deus preparou nosso caminho na melhor direção, como sempre fez desde o início da nossa união, colocando-nos sempre no melhor lugar. Rumávamos a outro ciclo de nossas vidas. Um ciclo que queríamos e acreditávamos que seria bom e feliz.

O mesmo senhor que construiu a casa fez a nossa mudança. E parecia que bem nesse dia o tempo não queria ajudar. Mal terminamos de carregar os móveis para dentro de casa, começou a chover torrencialmente. Já não gosto nada de fazer mudança, com chuva então, piorou [...]. A nossa nova casa era bem grande e acomodava, em um quarto separado, a filha *da minha moreninha*, bem como ela queria. Todo o quarto dela foi pensado e disposto com muito carinho.

Em um período de sete anos haviam sido cinco mudanças, muitos móveis quebrados, muitos fretes pagos, muito dinheiro suado sem retorno financeiro para nós. Anos difíceis de instabilidade e sem a certeza de onde estaríamos ao fim de cada contrato. Mesmo assim tudo valeu a pena, pois os percalços nos ajudaram a sermos fortes e estarmos onde estamos hoje, bem e felizes. Tudo estava indo tão bem [...]. Estávamos muito felizes. Mas nossa felicidade sempre tinha um prazo de validade, infelizmente, que terminava junto com o contrato de aluguel.

ENFIM, NOSSO TÃO ESPERADO SONHO

Quantas mudanças, quantos recomeços em nossas vidas com a incerteza de quanto tempo duraria. Não poder fazer planos em longo prazo, sem saber o que esperar do próximo dia, morando de aluguel. Sim, sempre pagamos aluguel. Começamos nossas vidas morando em uma quitinete mobiliada, que ainda hoje, quando passamos por lá, nós temos saudades, devido aos momentos inesquecíveis que lá vivemos. Foi naquele lugar que decidimos andar de mãos dadas e enfrentarmos todos os desafios que pudessem aparecer futuramente. Não foram poucos, não, mas batalhamos todos os dias e, lado a lado, com a ajuda do nosso Deus, nós vencemos.

Foram oito anos de muita dedicação, luta, persistência, determinação, garra e muito trabalho. E então, no dia 24 de março de 2016, Deus nos abençoou com o maior e mais esperado de todos os nossos sonhos: um lugar para chamarmos de nosso, nossa casa [...], sonho que trazia comigo havia tanto tempo. E no dia em que conheci a *minha moreninha*, tornou-se ainda mais forte o desejo de ter um lugar nosso, para construirmos a nossa família, dividirmos os nossos sonhos e vivermos intensamente o nosso amor.

Até hoje ainda procuro as melhores palavras para agradecer a Deus por essa imensa benção em nossas vidas. Ele fez com que tudo em nossas vidas se encaminhasse para essa direção: nossas escolhas e decisões; nosso esforço aproximou, dia após dia, esse grande sonho e, por causa Dele, hoje vivemos essa realidade.

MINHA RAZÃO DE VIVER

A minha moreninha à qual me referi o tempo todo neste livro é a mulher da minha vida, é a pessoa que me completa e que de alguma forma me faz me sentir especial. É quem está sempre ao meu lado, dando-me forças para enfrentar os problemas que surgem em nossos caminhos. É quem sempre me estende a mão quando o desânimo tenta se aproximar, trazendo-me consolo sempre que preciso. É quem me dá forças para ir atrás de todos os objetivos que traçamos para nossas vidas, quem nunca me deixa desistir quando penso que não consigo mais.

Ela é minha inspiração, meu alicerce. Essa é *minha moreninha*, que chegou à minha vida, trazendo respostas a tantas perguntas. Ela se chama Évelin Francine de Souza e é a mulher que eu tive a sorte de o destino pôr em meu caminho.

Espero que nossos caminhos continuem se encontrando com o passar do tempo e que eu possa lhe fazer tão bem quanto ela me faz. Diante do amor que ela me oferece, só posso continuar a amando da forma mais intensa que um ser humano é capaz de amar.

Ela foi a resposta às minhas orações. Sempre pedia a Deus alguém que viesse para somar e transformar minha vida, alguém que pudesse construir comigo, a cada dia, um casamento mais forte e feliz. Em menos de um mês de namoro eu já conseguia sentir tudo o que viria dali para frente, conseguia ver tudo com o que eu sempre havia sonhado. Um amor puro, bonito, verdadeiro. Eu tinha certeza da pessoa que eu estava escolhendo para ficar ao meu lado o resto da vida, a pessoa que ia compartilhar a vida comigo em qualquer tempo e momento, segurando a minha mão nas horas alegres e, principalmente, nos tempos difíceis.

Eu amava sem medo porque me sentia amada também. E esse sentimento era indescritível. Quando amamos alguém não podemos obrigar a outra pessoa a nos amar, mas esse amor nasce

Estava escrito

e sem explicação toma conta dos dois corações, que simplesmente sentem que deixarão de bater se um deles resolver bater sozinho novamente. O simples fato de pensar nessa possibilidade dói.

NOSSO SIM JUNTAS

No dia 12 de junho de 2016, Dia dos Namorados, oficializamos nossa união assinando, de coração aberto, um contrato de união estável. Por meio dele quis que *a minha moreninha, a minha Évelin*, soubesse da minha decisão – que era a de realmente estar ao lado dela todos os dias de minha vida. Lembro-me como se fosse hoje. No cartório, as pessoas nos olhavam, mas eu não me importava com o que estavam pensando ou com o julgamento delas. Era nossa hora, nosso momento, nosso casamento, nosso tão esperado amor. Um amor diferente aos olhos de alguns e errado aos olhos de muitos. Mas não me importava com a opinião das pessoas, pois quem sempre escreveu a minha vida fui eu.

Todos nós temos apenas uma vida e devemos vivê-la intensamente, viver cada momento da maneira que nos convém. Quem nunca amou não pode dizer até onde iria para amar. Por sentir esse amor tão forte em meu peito e não haver mais maneiras de demonstrá-lo, tornei pública minha decisão de amar e respeitar, sendo sempre fiel, em dias bons e ruins, alegres e tristes, nas vitórias e nas derrotas, pois com ela ao meu lado sinto que posso superar tudo.

Estamos perto de completar 10 anos da nossa união e continuamos nossa caminhada juntas, com nossos corações unidos, seguindo no mesmo caminho e em busca dos mesmos objetivos, com o coração carregado de muito amor, compreensão e companheirismo. Nos dias de hoje está se tornando cada vez mais difícil manter um casamento. As pessoas simplesmente desistem do amor na primeira dificuldade que surge. Mas o casamento é um investimento diário, em que não pode faltar, amor, compreensão, companheirismo, fidelidade, tempo, carinho e o que eu considero o mais importante: o perdão. Sim, porque erramos muitas vezes, até tentando acertar. Contudo nem sempre acertamos, pois somos seres imperfeitos, com muitas limitações. Por isso o perdão [...], uma palavra tão pequena, mas com um poder enorme. Ouvir essa palavra pode pôr fim ao sofrimento de um coração que sofre horas, dias, meses ou até anos. Sim, parece simples, mas ela precisa ser dita, e é aí que os casamentos terminam, porque as pessoas preferem desistir do amor a admitirem um erro e pedirem perdão. Preferem arriscar um novo relacionamento a manterem o que tinham, mudando atitudes e admitindo erros. Esquecem-se de tudo de bom que já viveram, de todo o bem que fizeram um ao outro, de tudo que construíram juntos e de tudo que ainda podem construir.

Em nosso relacionamento já superamos vários desafios e, sim, também tivemos que aprender a conviver uma com a outra. Dia após dia, sinto que tornamos nosso amor mais forte com pequenas atitudes que fazem a diferença. Um presente sem data, um agrado inesperado, um elogio sincero, um convite para um jantar romântico, a lembrança de uma data marcante, um beijo apaixonado, um abraço bem forte sem motivo [...]. São tantas as maneiras de demonstrar amor, mesmo depois do casamento, porém as pessoas pecam ao fazerem isso apenas nos primeiros meses de namoro, deixando o casamento cair na rotina.

No casamento o amor deve ser regado diariamente, com palavras de carinho, olhares apaixonados e pequenas atitudes que fazem toda diferença. Por isso agradeço tanto a Deus, por Ele me ensinar a amar todos os dias a minha companheira, Évelin, e me fazer enxergar quando estou errada, fazendo-me pronunciar a palavra perdão sempre que necessário. Juntas fizemos nascer um lindo amor, mas temos a consciência de que também juntas devemos nos esforçar diariamente para mantê-lo vivo.

Minha eterna *moreninha*, meu grande e eterno amor, ao seu lado sinto que posso tudo, porque você me apoia em cada passo que dou e acredita em mim e nos planos que traço para nossas vidas. Ao olhar para trás e relembrar nossa história, lágrimas de emoção vêm aos meus olhos, meu coração se emociona, porque tudo que vivemos foi tão especial e intenso [...] e ainda é. A única coisa que desejo ao final de um dia exaustivo de trabalho é a sua companhia e o calor do seu abraço. As suas melhores palavras de consolo sempre vêm no momento em que mais preciso e você sempre sabe quando necessito disso. Você consegue transformar um simples momento em uma lembrança eterna. Como fui abençoada nessa vida por ter te conhecido, por você ter escolhido a mim para compartilhar a sua vida, seus anseios, seus medos e seus sonhos.

Quero ser para você tudo que você é e significa para mim. Quero ser o abraço que você tanto espera, o carinho que te acalenta. Quero estar presente em todos os seus dias, acordando-te pela manhã com todo meu amor e te fazendo dormir ouvindo que te amo e que não saberia mais viver sem você.

Quando acordo pela manhã e me despeço de você, meu único intuito é voltar para casa e ver novamente, à minha frente, a mulher que tanto pedi a Deus. Olho para você e me sinto tão apaixonada, e é uma sensação tão boa saber que você é minha e que posso tê-la todos os dias da minha vida ao meu lado, mas isso só depende de mim. Tudo que faço, cada passo que dou, é pensando em você, em nós, no nosso futuro. Todos os dias, ao acordar e sentir meu corpo cansado, vejo você ao meu lado, dormindo tão serena, tão minha, tão linda, e essa é a visão que me impulsiona para ir à luta mais um dia, em busca de tudo que ainda sonhamos alcançar.

Estamos hoje vivendo um sonho, sonhado por nós duas, muito tempo atrás. Um sonho que veio até nós como resultado de muita luta e esforço, mas ainda temos muita estrada pela frente, muitos objetivos a serem alcançados, metas traçadas, mas sei que, juntas, podemos realizar todo e qualquer objetivo, porque nos apoiamos e nunca desistimos no primeiro obstáculo que surge.

Que o universo seja justo conosco, permitindo que vivamos por muitos e muitos anos juntas. Porque somente *a minha Évelin* pôde e pode amenizar todo esse amor que sinto dentro de mim. Eu te amo, *minha Évelin*, não somente pelo que você é, mas pelo que sou, pelo que me transformei estando junto a você.

O primeiro beijo, o primeiro toque, o primeiro abraço, os primeiros encontros de nossos corpos foram tão marcantes como são até os dias de hoje. Tudo foi tão forte e mágico que o ambiente ao nosso redor sumiu como uma ilha coberta por intensa neblina em alto mar. Era e somos somente nós e nosso tão sonhado amor.

Como sou realizada e feliz por ter você como esposa, companheira, confidente, *minha moreninha*. Você me completa em todos os sentidos. Você é linda por fora e por dentro. Eu não conseguiria descrever todas as suas qualidades nem em mil linhas se as tivesse em minha frente. Em suma, só posso te agradecer, Évelin, por ter me escolhido para ser sua amada, por ter permitido que eu faça parte de sua vida e com isso transforme a minha vida.

Mesmo com o passar dos anos você me faz muito bem. Como me sinto feliz e realizada todas as vezes em que olho para você e me lembro de quando me disse sim, sem eu ao menos esperar. Seu sorriso até hoje me deixa encantada e essa sensação é maravilhosa. Você é uma benção em minha vida, é um anjo que Deus enviou à Terra para que eu pudesse sentir o verdadeiro amor. Eu só tenho a agradecer por me oferecer tanto amor e por me amar todos os dias incondicionalmente.

Peço a Deus que nos abençoe com uma vida longa para podermos desfrutar ao máximo desse grande e fervoroso amor [...] Amor sem medidas, intenso, fiel, sincero, enfim, amor para toda vida. Ah, *minha eterna moreninha linda*, como eu acalento a bem-aventurança de você querer viver comigo um grande tempo de vida, até ficarmos velhinhas juntas [...] Como eu quero e espero.

Hoje, tenho a certeza de ter encontrado meu grande amor, que há tanto tempo eu procurava. A *minha moreninha*, Évelin, nunca mediu esforços para se dedicar e cuidar de mim, foi e é sempre tão dedicada, tão amorosa. E por esses e tantos outros motivos quero estar ao seu lado, segurando a sua mão, nas alegrias e tristezas de nossas vidas. Quero cuidar de você até o último dia em que eu ainda viver, e mesmo quando nossas mãos estiverem enrugadas e nosso caminhar mais lento, ainda assim quero estar ao seu lado. Quero ser seu porto seguro, o lugar onde você sempre vai querer estar.

Depois que você apareceu na minha vida os planos que fazia para mim se tornaram nossos. Nossas lutas, nossas superações, nossos planos, nossos sonhos realizados juntas. Vou te amar e te defender com todas as minhas forças enquanto eu viver. Sempre esperei em minha vida uma pessoa que me completasse e então Deus me enviou você. Por isso, hoje posso dizer que encontrei o verdadeiro amor e espero...

Que todo o encanto do começo de nossa história nunca se perca na rotina.

Que o amor tenha sido nosso ponto de partida, e também de nossa chegada.

Que nossa caminhada sempre seja juntas, em busca dos mesmos sonhos e objetivos.

Que nosso beijo nunca perca a magia do começo e que com ele sempre venha o desejo depois.

Que o brilho de nosso olhar demonstre nosso amor e que esse brilho nunca se apague.

Que nosso abraço sempre seja quente e esperado.

Que o pronunciar EU TE AMO não seja esquecido com o passar dos anos.

Que a fidelidade e a verdade sejam sempre nosso maior objetivo.

Que a palavra perdão seja a palavra mais pronunciada dentro de nossa casa.

Que em nosso casamento nunca nos falte a paciência que o amor exige.

Que haja comunicação quando as palavras se tornarem necessárias.

Que o silêncio seja respeitado quando elas não forem.

Que haja compreensão nos dias difíceis.

Que haja comemoração até mesmo com pequenas vitórias.

Que o carinho e o respeito nunca saiam de cena.

Que o companheirismo se faça presente em nossos dias;

Que o perdão seja sempre aceito após um pedido de desculpas sinceras.

Que tenhamos forças para nos superar e recomeçar quantas vezes forem necessárias.

Que sejamos humildes para admitir que sem Deus em nossas vidas não somos e não temos nada.

Que a fé sempre faça moradia em nossa casa.

Que sempre sejamos gratas por tudo que temos.

Que nosso caminho seja sempre na mesma direção.

Que nossas mãos nunca desejem se entrelaçar em outras.

Que nossa companhia seja agradável e, quando não for, logo se torne.

Que nossa ausência seja sentida e que a saudade sempre venha depois.

Enfim, que sempre nos lembremos do nosso início e que nunca permitamos que nossa história tenha um final.